CON GRIN SU CONOCIMIENTOS VALEN MAS

- Publicamos su trabajo académico, tesis y tesina

- Su propio eBook y libro - en todos los comercios importantes del mundo

- Cada venta le sale rentable

Ahora suba en www.GRIN.com
y publique gratis

Bibliographic information published by the German National Library:

The German National Library lists this publication in the National Bibliography; detailed bibliographic data are available on the Internet at http://dnb.dnb.de .

This book is copyright material and must not be copied, reproduced, transferred, distributed, leased, licensed or publicly performed or used in any way except as specifically permitted in writing by the publishers, as allowed under the terms and conditions under which it was purchased or as strictly permitted by applicable copyright law. Any unauthorized distribution or use of this text may be a direct infringement of the author s and publisher s rights and those responsible may be liable in law accordingly.

Imprint:

Copyright © 2015 GRIN Verlag, Open Publishing GmbH
Print and binding: Books on Demand GmbH, Norderstedt Germany
ISBN: 9783668363922

This book at GRIN:

http://www.grin.com/es/e-book/346485/las-brujas-de-zugarramurdi

Alexia Soraia Pimenta Gomes Zonca

Las brujas de Zugarramurdi

GRIN Publishing

GRIN - Your knowledge has value

Since its foundation in 1998, GRIN has specialized in publishing academic texts by students, college teachers and other academics as e-book and printed book. The website www.grin.com is an ideal platform for presenting term papers, final papers, scientific essays, dissertations and specialist books.

Visit us on the internet:

http://www.grin.com/

http://www.facebook.com/grincom

http://www.twitter.com/grin_com

Seminario románico de CAU zu Kiel

IK2.1 Proseminar zur Kultur- und Landeswissenschaft: "*Introducción a la cultura vasca - Euskal Kultur Mintegia*"

Semestre de verano 2015

Las brujas de Zugarramurdi

Alexia Soraia Pimenta Gomes Zonca (semestre IV)

Índice

1. Introducción

"No hubo bruxos ni embruxados... hasta que se començó a tratar e escrevir dellos.[1]" A esta conclusión llegó el inquisidor Alonso Salazar y Frías que vivió en el siglo XVI y es mejor conocido como el 'abogado de las brujas' gracias a su oposición a las teorías sobre la brujería y a la matanza de personas inculpables. Nonobstante los esfuerzos de hombres como Salazar pero, se calcula que en Europa fueron quemadas en las hogueras unas veinte mil personas acusadas de brujería[2]. Uno de los casos más conocidos de Europa, y el más impactante de España fue el de las brujas de Zugarramurdi que tuvo lugar hace más de 400 años. Todavía hoy en día la así llamada "cueva de las brujas", Sorginen Leizea, en el pequeño pueblo vasco de Zugarramurdi es una de las attracciones más conocidas del país vasco. Se supone que cada año unas 65.000 personas visiten esta cueva y el museo de las brujas que es hubicado en el mismo lugar[3].

La caza a las brujas resulta ser especialmente interesante en el país vasco debido a la creencia a lo sobrenatural y a la superstición que hubo anteriormente y que en distintas aldeas existe todavía.

En las siguientes páginas se explicará de dónde la creencia en las brujas tiene sus raices y como se desarrolló en el país vasco. Además se hará una iniciación en los acontecimientos que llevaron al proceso inquisitorial de 31 personas del pueblo Zugarramurdi.

2. La superstición el el país vasco

Como la mayoría de los países rurales tradiccionales, también el país vasco no es libre de superstición. Nonobstante en la edad moderna los diferentes medios de comunicación y de información hayan acabado con las creencias supersticiosas, hay todavía pueblos donde estas creencias continúan viviendo. No acaso un dicho popular vasco dice: "Izena dôn guztie emen da" (todo lo que tiene nombre, existe). Muchas de las leyendas y mitos populares sobre las

---

[1] Brujas S 82.
[2] Henningsen, S.
[3] https://www.youtube.com/watch?v=83nXfqjWMyo.

brujas y sus acciones maléficas se gestaron y transmitieron oralmente, de generación a generación. Ya antes de la Edad Media en el territorio vasco las personas hablaban de brujas como de 'sorgin'. Esta palabra viene de 'sors-sortis' ('suerte' en castellano) y del sufijo vasco 'gin', que significa hacer. "En su sentido primitivo, parece ser, pues, un genio nocturno que frecuentemente habita en cuevas.[4]" Sorgin eran por ejemplo mujeres de edad avanzada, que vivían solas y tenían un carácter huraño o excéntrico. Sus vecinos las temían y con frecuencia les acusaban de todas – o al menos de muchas – de las desgracias en el pueblo: sequías, inundaciones, pérdida de cosechas, fuegos de origen desconocidos, muertes descorcenantes, plagas, desaparición de niños, pérdida de objetos, esterilidad del ganado, epidemias y enfermedades, averías en molinos y ferrerías o el naufragio de pescadores.[5] Se decía que las brujas se reunían por las noches en aquelarres para adorar a Aker, el macho cabrío negro que representaba el demonio.

"La brujería vasca, que tanta resonancia tuvo en los siglos XVI y XVII, dio particular notoriedad a esta vieja representación del numen subterráneo... En las declaraciones de los acusados de brujería aparecen frecuentes alusiones a Akerbeltz o macho cabrío negro y a akelarre, donde aquél presidía las asambleas de los brujos... Akerbeltz o genio en figura de macho cabrío era adorado (o se suponía que lo era) en Akelarre por brujos y brujas... Los reunidos bailaban y ofrendaban a su numen panes, huevos y dinero.[6]"

Para ir a los aquelarres las brujas volaban gracias a un ungüento mágico con el que se frotaban y la formula "sasi guztien gañeti eta odei guztien ezpiti" ("por encima de todas las zarzas y debajo de todas las nubes").[7] Las brujas recibían un sapo de Aker para que le acompañara a lo largo de su vita, como protector. El lugar en Zugarramurdi donde supuestamente las brujas hacían sus aquelarres es 'Akelarre de Zugarramurdi', una planicie situada delante de la entrada de la caverna llamada Akelarren-Leze 'cueva del prado del macho cabrío'. En el vestíbulo de la cueva, a pequeña altura sobre el piso del mismo, se abre en el muro un boquete a modo de ventana, que según se dice, es la cátedra donde el diablo, que figura de macho cabrío, recibía a los brujos y las brujas.

---

[4] Barandiaran 86
[5] Brujas S 21
[6] Barandiaran 126
[7] Brujas 25

Se atribuía a los acusados de brujería un pacto con el Diablo. Se creía que al concluir el pacto, el Diablo marcaba el cuerpo del brujo o bruja, y que una inspección detenida del mismo podía permitir su identificación como hechichtera. Mediante el pacto, la bruja o brujo se comprometía a rendir culto al Diablo a cambio de la adquisición de algunos poderes sobrenaturales. Entre estos poderes estaba, la capacidad a causar meleficios de diferentes tipos, que podían afectar tanto a las personas como a elementos de la naturaleza; en numerosas ocasiones, junto a estos supuestos poderes se consideraba también a las brujas capaces de volar, e incluso el de transformarse en animales.

En las provincias vascas existen muchos mitos y supersticiones sobre las brujas recogidos de la tradicción oral. Aquí unos ejemplos:

"Las hilanderas cuando dejaban de trabajar el sábado por la noche, si les había quedado lino en la rueca lo solían quemar, para evitar que las brujas lo llevasen al aquelarre.[8]"

"Para ahuyentarlas no hay que golpearls directamente a ellas, sino a sus sombras; también el signo de las cruz o el nombre de Jesús las ahuyenta[9]."

"Cuando alguien se cortaba el pelo procuraba quemarlo, pues de lo contrario las brujas podían utilizarlo para elaborar un maleficio contra su dueño.[10]"

"Para protegerse de la acción de brujas los vascos colgaban el 'Kutun', un saquito de tela, a los niños y que solía contener algunos elementos mágicos como apio, ceniza, romero, pata de tejón... Con el tiempo esta costumbre se cristianizó mezclando o sustituyendo éstos por elementos religiosos como laurel, cera, carbón o pan bendecido.[11]"

"El nogal era el árbol preferido de las brujas para su reuniones; se consideraba peligroso porque atrae los rayos y hace enfermar a aquel que duerme en su sombra. Sus frutos, las nueces tienen forma de pequeños cerebros y afectan por ello a la mente.[12]"

Se puede reconocer que la creencia en las brujas ha existido siempre, también en los tiempos antes de la cristianización de las provincias vascas, con la diferencia pero, que se empezó a perseguir a brujas y brojos a partir de la Edad Media con la difusión del cristianismo católico.

---

[8] Brujas 22
[9] Brujas 22
[10] Brujas 22
[11] Brujas 22
[12] Brujas 23

3. La caza a las brujas

Las primeras condenas de brujos y brujas se realizan en el siglo XIII, con la aparición de la inquisición, cuya actividad principal no era contra la brujería, sono contra la herejía. Si bien la creencia en la brujería es un viejo fenómeno universal, recién es con el cristianismo que se comienza a perseguir las artes de las brujas como algo maligno y aparece la brujería demoníaca. A finales de la edad media empezó a configurarse una nueva imagen de la bruja, que tiene su principal origen en la asociación de la brujería con el culto al Diablo, y por lo tanto con la idolatría y la herejía. Investigaciones recientes muestran que solía sospecharse de brujería en mujeres viejas y en personas socialmente más debiles. A menudo bastaban rumores o denuncias para poner en marcha la maquinaría judicial, que llegaba a conseguir confesiones falsas a través de la tortura.

Solamente en los estados del Sur existió una organización especialmente dedicada a luchar por mantener la pureza de la fe, que fue la Inquisición. En Italia dicho organismo actuó hasta finales del siglo XVIII; mientras en Espana y Portugal siguió existiendo hasta 1820. Sin embargo, los últimos restos de la inquisición no desaparecieron hasta el ano 1965, en que fue disuelta la Congregación del Santo Oficio (fundada en 1542), a consequencia de la declaración del II Concilio Vaticano sobre la libertad religiosa.

Los inquisidores basaban sus teorías y sus practicas en "El Malleus maleficarum" (del latín: "El Martillo de las Brujas"). Este es el tratado más famoso y importante que se ha publicado en el contexto de la persecucón de las brujas. Se ha publicado primero en Alemania en 1487. Hizo acesible a un amplio publico el concepto de la brujería demonológica, contribuyendo a la caza de brujas al atribuir autoridad y credibilidad a los procesos de brujería que ya existían.

3.1 La inquisición en España

Mientras que en Europa cualquier sospecha de práctica brujeril acababa con el reo en la hoguera, en España fue la propia Inquisición la que abrió una avariguación para discernir que había de cierto en estas practicas. Había que interrogar a los sospechosos, a posibles complices y a testigos. Cualquier equivocación o laxitud en la averiguación de los hechos invalidaba el proceso inquisitorial. Este modo de actuar fue introducido de Alfonso Salazar y Frías, citado a comienzo de este trabajo. Salazar se oponió a la visión maniquea que exigía un duro castigo sin profundizar el delito y buscó pruebas sólidas verificadas en distintas retificaciones de encausados y testigos. Como la citación inicial mostra, este inquisitor, analizando los resultados con razón fría llegó a la conclusión que no habían existido brujas hasta que se empezó a hablar de ellas.[13] Salazar había determinado que la mejor manera de acabar con la creencia en brujas era castigar el cuchicheo, las conversaciones sobre ellas. Pero la población, tras siglos oyendo como la nobleza y la Iglesia les agitaban contra las brujas, no hiba a dejar de creer en ellas tan rápidamente.

3.2   Las brujas de Zugarramurdi y el proceso inquisitorial

La situación de Urdax y Zugarramurdi, en el Pirineo navarro lindado con la frontera francela, los convertía en lugares especialmente sensibles a la introducción de nuevas ideas. Estos pueblos de caserío no sumaban más de 300 habitantes, campesinos y pastores que llevaban una vida tranquila y que hasta entonces no se habían preocupado demasiado de los asuntos de brujería a pesar de la caza de brujas en Francia, donde más de 80 personas habían sido acusadas de brujería y condenadas a la hoguera. Esta misma caza fue desatada por el juez francés Pierre de Lancre, que estaba convencido de que la totalidad de los 30.000 vascos de Lapurdi "estaba bajo la influencia maligna de una secta secreta que pactaba con el diablo y lo adoraba en reuniones en las que los brujos bailaban y se entragaban a toda clase de desenfreno.[14]"

En 1608 regresó a Zugarramundi María de Ximildegui que había vivido en Francia los tres o cuatro ultimos años. Según los documentos de auto de fe, Mari había sido miembro de un conventículo de brujas en Francia. Despúes de quasi dos años decidió confesarse a un sacerdote y recibió la absolución. Esta

---

[13] Brujas Seite 16
[14] Brujas, S 83.

6

joven afirmó de haber asistido dos veces al aquelarre de Zugarramurdi cundo era todavía bruja y conocía por lo tanto la partecipación de personas del pueblo en los mismos. Junto con el nombramiento de unas personas llegaron algunas protestas de personas que negaban de ser estados presentes en estas asambleas. Desde entonces numerosas personas en el pueblo y de los pueblos cercanos afermaron haber visto a vecinos practicar brujería. Muchos interrumpían en las casas de vecinos de quienes suspechaban que eran brujos buscando a indicios para apoyar su sospecha. Al final los acusados, que eran más de 50 personas, fueron obligados violentemente a delatarse y eran amenazados con la tortura si no confesaban. Si admitían publicamente que eran brujos y pedían perdón por ello, serían reconciliados en la fe en la Iglesia de Zugarramurdi y el asunto quedaría zanjado. A pesar de la solución pacifica que se encontró, la Inquisición hubo noticias de los acontecimientos y decidió intervenir aún le pareció raro que hasta entonces no habían recibidos enformes sobre brujería en aquella zona.[15] Así que los inquisidores de Logroño fue al pueblo y empezó un interrogatorio. Los que acudieron a confesar voluntariamente estaban convencidos de que, si declaraban, serían reconciliados y se salvarían del tormento y de la quema en la hoguera. Sin embargo, todos los 31 fueron encarcelados. Todos los condenados debían llevar el sambenito, prenda para mostrar público arrepentimiento, en el auto de fe, que era la cerimonia pública celebrada en la plaza del lugar donde el tribunál tenía su sede y donde se leía la sentencia impuesta a los reos. De estos 31 sentenciados en el proceso, 13 habían muertos en el carcel por epidemias, 6 fueron quemados vivos y los otros fueron reconciliados después de haber abjurado públicamente de su herejía. Solo el inquisidor Salazar había votado en contra de la pena de muerte en la hoguera.

Despues de estos acontecimientos, desde el valle de Baztán llegaron nuevos informes de brujería, que afectaron a más de 50 poblaciones. Alfonso de Salazár y Frías fue encargado de investogar la situación y indagar la razón que explicase el pánico desatado en la zona. "Salazar se había dado cuenta de que tan pronto como se comenzaba a hablar de las brujas, surgían brotes de brujería por todas partes; y en cuanto el asunto perdía interés, las brujas

---

[15] Brujas 84

desaparecían sin más.[16]" Así que el inquisidor alegó que las pruebas exigidas eran muy frágiles ylogró publicar un nuevo edicto conocido como el "Edicto de silencio" donde los inquisidores admiten públicamente los errores cometidos durante el proceso de los brujos en el País Vasco.

> "El proceso de Zugarramurdi marca un antes y un después en la persecucción de la brujería en España... Tras el proceso de Zugarramurdi y las Nuevas Instrucciones de 1614 se prohíbe la quema de brujas en todo territorio español; con ello, España se adelanta cien años al resto de Europa.[17]"

4. Conclusión

A comienzos de estos trabajos fue citado a Alonso de Salazar y Frias, que llegó a la conclusión que las brujas y los brujos fueron inventados por las personas y que al final no existían seres con poderes sobrenaturales. Muchos historiadores se han dedicado a la busqueda de razones para explicar la existencia de las brujas y su presencia en la vida cotidiana en la Edad Moderna. Sin embargo, las teorías que se han elaborado son muy diversas una de la otra.

Una terória es la de las curanderas. Las herbolarias eran mujeres conocedoras de las facultades curativas de las plantas. Con ellas, elaboraban sus pócimas y ungüentos capaces de mitigar el dolor y curar enfermedades pero también de causarlos. Estos conocimientos las convertieron en personajes oscuros respetados y temidos a la vez, y acabarán equiparándose a brujas y hechiceras. Una otra terría es la del chivo expiatorio en épocas de crísis. La creencia en las brujas ha existido siempre en sociedades agrícolas y cumple una función social: las brujas son la encarnación de la amoralidad y de todo aquello que va en contra de los ideales de la sociedad; por ello, se les responsabiliza de todos los males que suceden. Lo usual era descargar las culpas, directamente o indirectamente, sobre alguien del entorno, normalmente alguna vecina insociable, huraña.

Sea lo que sea, el facto que Alonso de Salazar llegó a la conclusión que hay una razón racional para explicar la creencia en las brujas hizo de el un hombre

---

[16] Henningsen 340
[17] Brujas 87

muy adelantado en confronto a sus compañeros. Gracias a él España dejó de quemar a las brujas cien años antes de que cesara de hacerlo el resto de Europa y por esto merece el nombre de 'abogado de las brujas'.

5. Bibliografía

Henningsen, Gustav: *El abogado de las brujas. Brujería vasca e Inquisición española.* Madrid 1983.

Navajas Twose, Eloísa/ Sainz Varela, José Antonio: *¡Brujas!* = *Sorginak! Los archivos de la Inquisición y Zugarramurdi.* Madrid 2008.

Barandiaran, Jose M: *Mitología Vasca.* Zarauz 1979.

https://www.youtube.com/watch?v=83nXfqjWMyo.

CON GRIN SU CONOCIMIENTOS VALEN MAS

- Publicamos su trabajo académico, tesis y tesina

- Su propio eBook y libro - en todos los comercios importantes del mundo

- Cada venta le sale rentable

Ahora suba en www.GRIN.com
y publique gratis